100 PREGUNTAS Y RESPUESTAS PARA TRABAJAR COMO DESARROLLADOR ANDROID

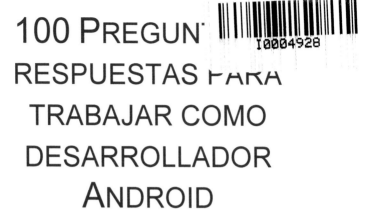

O CONTRATAR AL CANDIDATO ADECUADO!

ENRIQUE LÓPEZ-MAÑAS

2a edición ISBN: 978-1519422996

Traducción: Belén García Lipúzcoa

INTRODUCCIÓN

Estamos viviendo un auge en el mercado de las aplicaciones móviles. Se cree que para finales de 2015 se venderán más de mil millones de teléfonos inteligentes, el doble del número de ordenadores personales[1]. Los canales de venta de aplicaciones móviles están aumentando sus ingresos, siendo la norma, y no la excepción, porcentajes de crecimiento de más del 100%. Cada negocio necesita su propia aplicación móvil, por lo que la demanda de ingenieros, diseñadores de UX y *testers* de QA está aumentando rápidamente. Hay muchas más opciones de empleo que talento disponible, siendo la situación especialmente optimista para los desarrolladores senior.

Si estás leyendo este libro, probablemente conozcas los dos contendientes principales en esta batalla: iOS y Android. Entre los dos acumulan hasta un 90% de la cuota de mercado[2], dejando al resto de competidores con sólo trozos testimoniales del pastel global. La cifra

---

[1]http://www2.Deloitte.com/content/Dam/Deloitte/ global/Documents/Technology-media- Telecommunications/GX-TMT-pred15-One- Billion-smartphone.pdf

[2] https://www.netmarketshare.com/operating- system-market- share.aspx?qprid=8&qpcustomd=1

de ingresos ha sido tradicionalmente favorable a iOS, pero esto está cambiando rápidamente[3], y Android ha empezado a tomar Cupertino, gracias a su dominio en los mercados emergentes. Por otra parte, las predicciones indican que esta brecha se incrementará en el futuro.

Por lo tanto, si ya eres desarrollador móvil, ¡enhorabuena! (¡y enhorabuena por partida doble si eres un desarrollador Android!). Cuando empecé, en 2008, la versión 1.0 de Android había visto ya la luz, tres años después que su homóloga de Apple. Por aquel entonces había poca información y documentación de la API, los tutoriales eran escasos y la comunidad estaba en sus inicios. En aquel momento, no estaba nada claro qué podría hacerse con el nuevo sistema operativo lanzando por Google y, aunque algunos sabíamos que estaba naciendo algo importante, todo el mundo decidió esperar antes de apostar decididamente por Android.

Siete años más tarde, la situación ha cambiado enormemente. Hemos pasado de un panorama de escasa información a otro con demasiada. Existe una enorme comunidad, que contribuye regularmente al ecosistema Android con librerías de código abierto, tutoriales y foros. La información obsoleta coexiste con las tendencias más recientes en Android, y puede

---

[3] http://TechCrunch.com/2015/04/14/Revenue-Gap-Between-iOS-and-Android-Apps-grows-thanks-to-China/#.4utbsc:krzm

resultar difícil para el recién llegado distinguir entre ambos extremos (¿tiene sentido aprender a administrar de forma directa la base de datos, existiendo tantos *frameworks* ORM? ¿Debo aprender cómo funciona Maven, o sumergirme directamente en Gradle?).

Mi propósito con este libro, siendo alguien que ha ocupado ambos lados de la mesa durante las entrevistas de trabajo, es recopilar y presentar de una manera legible cuestiones y consejos sobre cómo prepararse para una entrevista para Android. Este libro es válido tanto para los entrevistadores como para los candidatos.

He notado que muchas de las preguntas realizadas en las entrevistas son repetitivas, y al buscar en Google cosas como "preguntas de entrevistas para Android", siempre aparecen las mismas. Aunque sigan siendo válidas, cuando se pretende contratar a un desarrollador senior, es importante considerar también preguntas más avanzadas, sobre arquitectura, patrones y *frameworks*.

Cada pregunta va acompañada de una respuesta completa y precisa. Algunas de las preguntas ofrecen un extra, que suele ser un tema en el que se puede profundizar para analizar aún mejor los conocimientos del candidato.

Las preguntas están divididas en básicas, intermedias y avanzadas. Habrá quien piense que podría haber hecho dos divisiones en lugar de tres, pero considero que esta categoría intermedia es importante. Existen muchos desarrolladores que han estado adentrándose durante un tiempo en Android, pero que no han tenido el tiempo o la oportunidad de trabajar con los aspectos más avanzados. La clasificación es meramente subjetiva y se basa en mi experiencia previa, habiéndome resultado útil en mi papel tanto de candidato como de entrevistador.

Las preguntas no siempre incluyen ejemplos con el código completo. El objetivo de este libro no es ser una guía completa de la API de Android; quien desee conocer todos los detalles sobre los permisos en Android o los diferentes tipos de proveedores de contenido siempre puede recurrir a la página web para desarrolladores de Android. Este libro pretende ofrecer una guía completa en lenguaje natural a la que recurrir a la hora de entrevistar a un candidato. En mi opinión, un candidato no debe conocer de memoria todos los detalles de una API en concreto, sino saber articularla de forma coherente, y poder tratar los problemas a alto nivel, abstrayéndose de los detalles de la implementación.

Las preguntas más avanzadas no incluyen solamente cuestiones sobre Android, sino también acerca de patrones de programación, diseño arquitectónico o gestión de la memoria. Un desarrollador senior debe ser capaz de elegir las estrategias correctas para desarrollar una aplicación compleja, que resuelva un problema en concreto. El conocimiento puramente teórico no será suficiente para realizar esta tarea. Un ingeniero senior debe estar familiarizado con varias conceptos de Java, tener experiencia práctica con ellos y ser capaz de diseñar sus propias soluciones.

Estas preguntas han sido recopiladas y actualizadas a lo largo de varios años, adaptándolas a cada nueva versión de Android (que aparece bastante a menudo). Estaré encantado de recibir cualquier comentario que me ayude a mejorar, y que sea beneficioso para otras personas.

Este libro incluye referencias a software comercial. No estoy afiliado con ninguna de estas empresas y cuando la marca esté registrada, siempre la indicaré. Ofreceré siempre una alternativa de código libre a cualquier software comercial, pero en algunos casos, sería absurdo ignorar cierto producto sólo porque una empresa esté obteniendo beneficios de él.

ACERCA DEL AUTOR

Enrique es un Android Developer Expert (GDE) e ingeniero de aplicaciones móviles, normalmente afincado en Munich, Alemania (aunque es difícil encontrarlo ahí durante muchas semanas seguidas). Desarrolla software y escribe sobre él, por dinero y por diversión. Dedica su tiempo libre a desarrollar aplicaciones de código abierto, escribir artículos, aprender idiomas y tomar fotografías. Ama la naturaleza, la cerveza, viajar y hablar de sí mismo en tercera persona.

Puedes ponerte en contacto con él a través de Twitter en @eenriquelopez, a través de Google+ en

+EnriqueLópezMañas y escribirle a
eenriquelopez@gmail.com

AGRADECIMIENTOS

Muchas personas han hecho que esto sea posible.

Quiero dar personalmente las gracias a Udayan Banerji, por su gran trabajo revisando el libro completo. Este proyecto le debe gran parte de su esencia. Gracias a los críticos directos y colaboradores del libro: César Valiente, Marius Budin, Jose Luis Ugía, César Díez, Alberto Calleja, Jorge Barroso y Nick Skelton. Sois los mejores.

Muchas gracias al increíble equipo del programa de Expertos Desarrolladores de Google. Me inspiro cada día en vuestro trabajo, y este libro es también el resultado de muchas decisiones en las que habéis tenido una influencia directa. Gracias a mis colegas de Sixt: he pasado tres años inolvidables trabajando con vosotros, durante los que he aprendido muchas cosas y he crecido profesional y personalmente. Gracias también a Belén García Lipúzcoa por su traducción.

Por último, gracias a mis fantásticos amigos y familia, que tan importantes son para mi. Os quiero a todos.

CONTENIDOS

Capítulo 1. Desarrollador Junior

Las preguntas presentadas en este capítulo son cuestiones básicas acerca de Android. Los desarrolladores senior deberían sentirse muy cómodos respondiéndolas, y los desarrolladores junior, con hasta un año de experiencia, deberían conocer estos conceptos.

Pregunta 1: ¿Qué es una Activity en Android?

Una `Activity` puede entenderse como una pantalla que lleva a cabo una acción muy específica en una aplicación Android (por ejemplo, usamos una `Activity` para acceder o modificar nuestro perfil). Las actividades interactúan con el usuario, presentando una ventana con una interfaz interactiva dentro (esto se implementa con la función `setContentView()`). Las Activity son típicamente a pantalla completa, pero también pueden ser pantallas flotantes. Tienen su propio ciclo de vida y se almacenan en una pila de actividades, gestionada por el sistema operativo.

PREGUNTA 2: ¿ME PUEDES EXPLICAR CÓMO FUNCIONA EL CICLO DE VIDA DE UNA ACTIVITY DE ANDROID?

Las `Activity` se gestionan mediante una pila de actividades. Cada vez que una `Activity` se muestra en pantalla, ésta se añade como primer elemento de la pila. Cuando una `Activity` es destruida o desechada, la pantalla pasa a presentar la `Activity` previa de la pila.

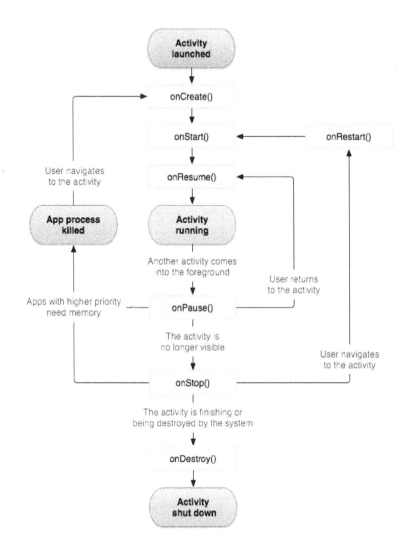

Imagen procedente de http://developer.android.com/

En cada instante, sólo una `Activity` permanece en estado de ejecución, y ésta es la actividad mostrada en la pantalla. Hay otros estados relevantes:

-onPause(). Cuando una Activity pierde el foco, pero todavía es visible, pasa al estado onPause(). La Activity guarda su estado y queda vinculada a la pantalla, pero el sistema puede destruirla si se da una situación de escasa memoria.

-onStop(). Este estado es el mismo que onPause(), pero la Activity ya no es visible. El sistema también puede destruirla en situaciones de memoria baja.

-onDestroy() tiene lugar cuando el sistema destruye la Activity o ésta es finalizada por el usuario. En este estado, toda la información se pierde.

-onCreate(). Es el primer estado de una Activity. Aquí comienza su inicialización. El objeto llamado Bundle permite restaurar un estado previo, en caso de que sea necesario.

-onResume(). Cuando una Activity pasa de segundo a primer plano, se llama a este método. También es invocado cuando la Activity se crea, tras onCreate().

-onStart(). Este método se invoca cuando la Activity se muestra al usuario por primera vez.

PREGUNTA 3: ¿QUÉ ES UN FRAGMENT? ¿POR QUÉ SE CREARON?

Los Fragment se introdujeron en la versión 3.0 de Android, como una manera de lidiar con los nuevos dispositivos aparecidos en el mercado (las tablets). Proporcionan un mecanismo modular para crear interfaces de usuario que puedan ser reutilizadas fácilmente en toda la aplicación.

Como las versiones anteriores de Android sólo permitían tener una `Activity` en ejecución, no era posible utilizar la pantalla entera y presentar diferentes módulos en ella (en las tablets era común presentar una lista en un lado de la pantalla, y actualizar el contenido de forma dinámica en el otro). Con este nuevo enfoque, se pueden incluir varios Fragment en una `Activity`, consiguiendo una aplicación mucho más interactiva.

PREGUNTA 4: ¿CÓMO FUNCIONA EL CICLO DE VIDA DE LOS FRAGMENT?

Los Fragments tienen su propio ciclo de vida, que es similar al ciclo de vida de las Activity. Los fragmentos están vinculados a las actividades y, por lo tanto, dependen de ellas (si una `Activity` muere, también lo hace el `Fragment`).

Sin embargo, a diferencia de lo que ocurre con las Activity, varios Fragment pueden encontrarse en estado de ejecución al mismo tiempo.

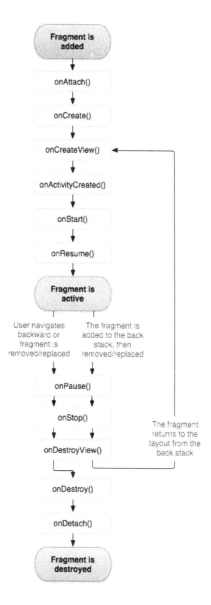

Imagen procedente de http://developer.android.com/

-onAttach(). Este método es invocado cuando un Fragment se ha asociado con éxito a una Activity.

-onCreate(). Como ocurre con las Activity, este método es el primero que se dispara al crear un Fragment. En este método inicializamos los componentes del Fragment.

-onCreateView(). Se invoca cuando se crea la jerarquía de vistas asociada a un Fragment.

-onActivityCreated(). Después invocar al método onCreate() de la Activity, también se invoca este método del Fragment. Es útil cuando se tiene una arquitectura que comunica ambas instancias (algo bastante probable).

-onStart(). Como con la Activity, el método onStart() se dispara cuando el fragmento es presentado al usuario.

-onResume(). En este punto, el fragmento está presente en la pantalla y en ejecución. Este método está generalmente relacionado con el método onResume() de la Activity.

-onPause(). Este estado está ligado al onPause() de la Activity, lo que significa que el Fragment no está activo.

-onStop(). El Fragment deja de ser visible. También está relacionado con el método onStop() de la Activity.

-onDestroyView() se invoca cuando una vista se desvincula del fragmento.

-onDestroy(). El Fragment ha sido destruido y ya no está en uso.

-onDetach(). El Fragment ha sido desvinculado de la Activity que lo contiene.

PREGUNTA 5: ¿CUÁL ES LA ESTRUCTURA DE UNA APLICACIÓN ANDROID?

Ten en cuenta que esta explicación es específica para Android Studio. Aunque Android Studio comparte muchas características con otros IDEs, también presenta algunas diferencias (soy de la opinión de que Android Studio/Intellij aportan más ventajas a una empresa que cualquier otro IDE anticuado).

En Android Studio, una aplicación recién creada contiene varios módulos, siendo uno de ellos la aplicación principal y el resto, las librerías. En general, una aplicación Android contiene las siguientes carpetas y archivos principales:

-**assets**: esta carpeta contiene diferentes recursos, tales como bases de datos, archivos de texto, etc.

-**build**: en esta carpeta se guardan los archivos temporales, antes de la compilación de la aplicación. Es eliminada tras cada operación de limpieza, y renovada con cada nueva compilación.

-**libs**: cuando haya librerías en paquetes individuales (normalmente se utilizan librerías .jar) estarán incluidas en esta carpeta. Ten en cuenta que todo esto no es un requisito técnico, pero sí un estándar de facto.

-**src**: en esta carpeta se encuentran todos los archivos con el código fuente. Esta carpeta se divide en las subcarpetas main/java (que incluye el código fuente) y main/res (con los recursos de Android).

- **build.gradle**: este archivo incluye información acerca de cómo compilar la aplicación.

- **AndroidManifest.xml**: el manifiesto de Android gestiona información esencial que el sistema necesita para ejecutar la aplicación. Parte de esta información es:

> - Los componentes de la aplicación. El manifiesto debe definir todas las actividades, servicios, receptores de mensajes de difusión y proveedores de contenido.

> - Los permisos que necesita la aplicación para

poder acceder a las funciones del sistema.

- Instrumentation classes.

Parte de la funcionalidad del manifiesto se ha movido al archivo build.gradle (por ejemplo, la declaración de la versión mínima de la API o versionCode).

PREGUNTA 6: ¿QUÉ SON LOS PERMISOS EN UNA APLICACIÓN ANDROID?

Los permisos, especificados en el archivo AndroidManifest.xml, declaran qué funcionalidades del sistema pueden ser accedidas por una aplicación. Estos permisos se declaran en el momento de la instalación, y cubren gran parte de la funcionalidad:

- Acceso a la cámara.

- Acceso a la conexión a Internet.

- Acceso al hardware de localización del dispositivo.

- Utilización del hardware NFC.

- Acceso a los sensores.

- Marcado de números de teléfono.

En el momento de escribir este libro (junio de 2015) la

Developer Preview de la versión Android M[4] ya incluye permisos en tiempo de ejecución. Aún se desconoce si esta característica se incluirá en la versión de lanzamiento de Android M, por lo que tal vez deba actualizar esta sección en futuras versiones del libro.

PREGUNTA 7: ¿QUÉ ES UN INTENT? ¿QUÉ TIPOS DE INTENT CONOCES?

Un `Intent` es un mensaje intercambiado entre componentes de Android para solicitar cierta funcionalidad o interacción. Un `Intent` puede utilizarse no sólo para acceder a los diferentes componentes de la aplicación, sino también para interactuar con otras aplicaciones (por ejemplo, un Intent puede invocar a otra aplicación para que tome una fotografía y se la entregue a la aplicación invocadora).

Un uso muy común de los `Intent` es el de inicializar las distintas Activity de la aplicación.

Hay dos tipos de Intent:

INTENTS EXPLÍCITOS

Un Intent explícito define qué componente del sistema

4

https://developer.Android.com/Preview/Features /Runtime-Permissions.html

Android en concreto queremos invocar. Su uso más común es el de abrir otra `Activity`.

```
Intent intent = new Intent(this,
SecondActivity.class);

startActivity(intent);
```

INTENTS IMPLÍCITOS

Un `Intent` implícito no especifica qué componente realizará la acción, sino que se limita a indicar qué acción debe llevarse a cabo. El sistema Android se encargará de buscar el conjunto de componentes que pueda realizar dicha acción (por ejemplo, marcar un número de teléfono) y presentarlos al usuario en una pantalla de selección.

PREGUNTA 8: ¿CÓMO SE PUEDEN PERSISTIR LOS DATOS EN UN DISPOSITIVO ANDROID?

Las aplicaciones Android necesitan persistir y almacenar datos en la memoria del dispositivo. Cuanto menos trivial sea la aplicación, más datos habrá que gestionar y almacenar, y más compleja será la información.

Android proporciona de forma nativa tres formas de persistir los datos:

SHAREDPREFERENCES

La API `SharedPreferences` permite que la aplicación guarde un conjunto de pares clave-valor en su carpeta de datos. Generalmente, se utiliza para guardar pequeñas colecciones, como las preferencias personales. El archivo resultante se almacena en formato XML, dentro de la carpeta de la aplicación (/data/application.package).

BASE DE DATOS SQL

En Android se utilizan bases de datos SQLite para almacenar datos estructurados, o cualquier información más compleja que un conjunto de pares clave-valor. El paquete android.database.sqlite proporciona la API necesaria para operar con ellos.

> Existen librerías ORM que permiten abstraer estas operaciones, facilitando el proceso. Un candidato que conozca algunos de estos frameworks estará demostrando un conocimiento más profundo.

ARCHIVOS

Para manejar grandes cantidades de datos se utilizan archivos (por ejemplo, archivos de imagen). Estos archivos pueden guardarse en el almacenamiento interno (accesible desde la aplicación en ejecución) o en el almacenamiento externo (accesible desde todo el sistema). Una aplicación Android que persista la información en archivos externos debe declarar el permiso *WRITE_EXTERNAL_STORAGE.*

PREGUNTA 9: ¿QUÉ ES UN SERVICE EN ANDROID, ¿QUÉ TIPOS DE SERVICE CONOCES?

Un `Service` es un componente que realiza una operación de larga duración en segundo plano, y que no tiene una interfaz. Los Service son inicializados por otros componentes de la aplicación, y permanecen ejecutándose en segundo plano, al margen de que el otro componente siga o no activo.

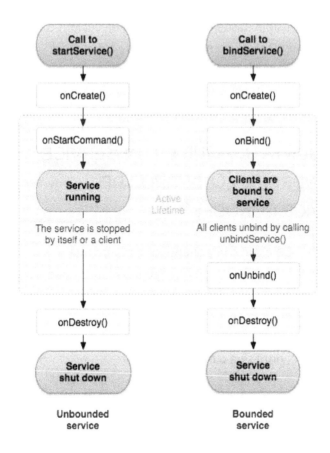

Imagen procedente de http://developer.android.com/

De forma similar a las Activity y los Fragment, los Service tienen su propio ciclo de vida. Un Service puede ser Bounded o Unbounded. Un Bound Service está vinculado a otro componente y, típicamente, existirá mientras el otro componente exista. Un Service puede ser vinculado/desvinculado de un componente invocando las funciones bindService() o unbindService().

Un Service que se haya inicializado con la función `onStartCommand()` estará desvinculado de cualquier otro componente y seguirá ejecutándose indefinidamente, incluso si el componente que lo inicializó se destruye.

PREGUNTA 10: ¿QUÉ ES UN PROVEEDOR DE CONTENIDO, Y PARA QUÉ SE USA?

Un `ContentProvider` es un mecanismo de Android para intercambiar contenido y ponerlo a disposición de otras aplicaciones.

Los ContentProvider utilizan URIs que empiezan por *content://* y que apuntan a los recursos disponibles a través del ContentProvider. Obtienen la información de fuentes como las bases de datos SQLite o de archivos grandes, y deben ser declarados en el AndroidManifest.xml para ser completamente funcionales.

Cada aplicación puede definir su propio `ContentProvider`. Android también proporciona una lista completa de varios ContentProvider por defecto. Esta lista incluye, entre otros, el acceso a los contactos, SMS, números de teléfono y fotografías.

PREGUNTA 11: ¿QUÉ ES UN BROADCASTRECEIVER?

Un `BroadCastReceiver` es un componente que difunde un mensaje a todo el sistema, que puede ser capturado por cualquier otro componente para interactuar con él. El sistema operativo Android proporciona varios, como la difusión que indica un nivel bajo de batería, la desconexión de la WiFi o la red, o el activado y desactivado de la pantalla. No obstante, se pueden definir también en la aplicación BroadcastReceiver personalizados (que han de declararse en el *AndroidManifest.xml*).

PREGUNTA 12: ¿QUÉ ES EL ADB? NOMBRA AL MENOS TRES OPERACIONES QUE PUEDAN REALIZARSE CON EL ADB

ADB son las siglas de Android Debug Bridge, que es una herramienta en línea de comandos desarrollada para comunicarse con dispositivos Android, ya sean emulados o físicos. Con el ADB, se pueden realizar diferentes operaciones:

-Instalar o desinstalar una aplicación en el dispositivo

-Cargar o enviar un archivo a, o desde, el dispositivo

-Acceder al Logcat del dispositivo.

PREGUNTA 13: ¿QUÉ ES EL DDMS, Y QUÉ SE PUEDE HACER CON ÉL?

DDMS son las siglas de Dalvik Debug Monitor Server. Es una herramienta utilizada para la depuración, que puede realizar varias acciones:

- Permite realizar capturas de pantalla del dispositivo.
- Incluye un analizador de los hilos activos y del estado de la pila, muy útil para lidiar con posibles problemas y fugas de memoria.
- Puede simular localizaciones, mensajes SMS o llamadas entrantes y recrear Activities.
- Integra un explorador de archivos.

El DDMS se puede abrir con el comando ddms desde la terminal.

PREGUNTA 14: ¿QUÉ ES UNA ASYNCTASK EN ANDROID? ¿ES POSIBLE UTILIZARLA PARA ACTUALIZAR LA INTERFAZ DE USUARIO? ¿PUEDES DEFINIR SU ESTRUCTURA?

Una `AsyncTask` es una clase que se utiliza para realizar operaciones cortas en segundo plano. Puede usarse para publicar resultados en el hilo de la interfaz de usuario (por ejemplo, después de leer los datos de un WebService).

`AsyncTask` tiene cuatro métodos importantes, que se pueden sobreescribir para personalizar su comportamiento:

`-onPreExecute():` Este método es invocado antes de la ejecución de la `AsyncTask`, permitiendo la inicialización de las variables que intervienen en la ejecución de la `AsyncTask` (por ejemplo, un cliente de red).

`-doInBackground():` cuando se llama al método start() de la `AsyncTask`, también es invocado el método `doInBackbround()`. Este método define la operación que se llevará a cabo.

`-onProgressUpdate():` este método es invocado

en cualquier momento en el que el `AsyncTask` esté en ejecución. Un uso típico de esta función es actualizar un `ProgressBar`, para mostrar el avance de cierta operación.

-`onPostExecute()` método llamado una vez que `AsyncTask` ha realizado su tarea. Aquí podemos cerrar las conexiones abiertas o actualizar la UI con los resultados deseados.

> `AsyncTask` ha cambiado con las distintas versiones de Android, pasando de ejecutarse en serie a hacerlo en paralelo. El candidato que sea capaz de recordar esto, así como sus implicaciones, conseguirá una puntuación extra.

PREGUNTA 15: ¿QUÉ ES UNA IMAGEN PNG9? ¿EN QUÉ SE DIFERENCIA DE LOS ARCHIVOS PNG NORMALES?

Un archivo PNG9 es un formato PNG especial, que puede redimensionarse a sí mismo, adaptándose automáticamente a distintos tamaños de pantalla. Esto es especialmente útil al desarrollar para Android, donde la fragmentación es enorme y es prácticamente imposible crear aplicaciones universales, aptas para todos los dispositivos.

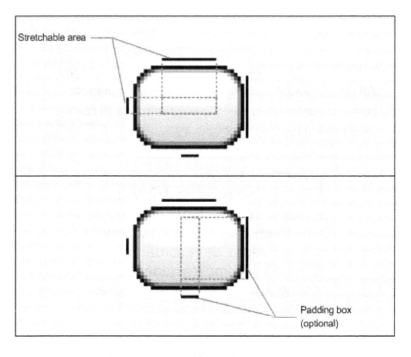

Imagen procedente de http://developer.android.com/

Los archivos PNG9 contienen un píxel extra a cada lado de la imagen. Los de los lados izquierdo y superior indican el área que se estirará, dependiendo del tamaño de la pantalla. Los de los lados derecho e inferior indican el *padding* que debe quedar entre los bordes y el contenido, también dependiendo del tamaño de la pantalla objetivo.

PREGUNTA 16: SI DESEO ACCEDER A LA UBICACIÓN DE MI DISPOSITIVO, ¿QUÉ DEBO HACER?

Son unas cuantas las clases involucradas en la obtención de la ubicación de un dispositivo Android.

- `LocationManager` proporciona acceso a los servicios de localización del sistema Android.

- `LocationListener` permite que la aplicación reciba una notificación cuando el Provider, el Status o la Location del dispositivo cambie.

PREGUNTA 17: ¿QUÉ ES UN FRAMELAYOUT? ¿SE TE OCURRE CUÁNDO DEBERÍA USARSE?

Un `FrameLayout` es un tipo especial de vista de Android que se utiliza para bloquear un área de la pantalla, con el fin de mostrar un solo elemento (a menudo se utiliza para mostrar y posicionar Fragments en la pantalla). Sin embargo, también puede aceptar varios hijos.

Los elementos agregados al `FrameLayout` se colocan en una pila, siendo el elemento más reciente el situado en la cima. Si existen varios hijos, la dimensión del `FrameLayout` será la dimensión del hijo de mayor tamaño (más el padding, si el `FrameLayout` originalmente lo tuviese).

PREGUNTA 18: ¿QUÉ ES UNA VIEW EN ANDROID?

Una `View` de Android es el componente más básico, a la hora de construir un elemento de la interfaz de usuario. Las View están contenidas en el paquete **android.view.view**. Las View ocupan un área rectangular en la pantalla, y capturan eventos de interacción con la vista. También renderizan el contenido en la pantalla, cada vez que éste se actualiza.

PREGUNTA 19: ¿SE PUEDEN CREAR VISTAS PERSONALIZADAS? ¿CÓMO?

Para extender una `View` de Android y crear una vista personalizada, hay que crear una clase que herede de la clase View, y que tenga al menos un constructor que reciba un objeto `Context` y otro `AttributeSet`, de la siguiente forma:

```
class ExampleView extends View {
    public ExampleView (Context context,
AttributeSet attrs) {
```

```
        super(context, attrs);
    }
}
```

Para crear atributos personalizados para la `View`
personalizada, se debe declarar un recurso *<declare-
styleable>* y añadirle los atributos personalizados
necesarios.

PREGUNTA 20: ¿QUÉ SON LOS VIEWGROUPS Y EN QUÉ SE DIFERENCIAN DE LAS VIEW?

Los `ViewGroup` extienden de la clase `View`. Un
`ViewGroup` es la clase base utilizada para crear
layouts, que son contenedores para conjuntos de
`Views` (u otros `ViewGroup`).

PREGUNTA 21: EXPLICA LOS ATRIBUTOS MÁS IMPORTANTES DE LAS VIEW.

Podemos nombrar varios atributos clave:

- *layout_width* y *height*: Los valores posibles son
FILL_PARENT, **MATCH_PARENT** o **WRAP_CONTENT**.

-Gravity: La *gravity* indica la posición de un elemento
dentro de un contenedor de mayor tamaño.

-ID: Es uno de los atributos más importantes de una View de Android. Se utiliza para acceder a la View y referirse a ella.

> Un desarrollador más experimentado debería ser capaz de responder a "¿Qué problemas podemos encontrar en una aplicación Android si las View no se recrean tras una rotación de pantalla?" La respuesta es que Android busca el ID de cada elemento, y si un elemento no tiene ID, no podrá ser encontrado ni reconstruido.

PREGUNTA 22: ¿QUÉ ES UN LAYOUT EN ANDROID?

Una Layout es la representación de un componente de la interfaz de usuario, contenido en elementos tales como los Fragments o Widgets. Los Layout se declaran en un archivo XML, o pueden instanciarse en tiempo de ejecución (las View y los ViewGroup pueden crearse y manipularse programáticamente).

PREGUNTA 23: ¿PUEDES NOMBRAR ALGUNOS TIPOS DE LAYOUT DE ANDROID?

Existen varios tipos comunes de `Layout`:

-`LinearLayout`: organiza todos los elementos en una sola fila, mostrada en horizontal o en vertical. Por defecto, la orientación es en horizontal.

-`RelativeLayout`: con esta disposición, todos los elementos se muestran en relación a otros elementos o a sus padres.

-`TableLayout:` dispone los elementos en una tabla tradicional, con filas y columnas. Extiende de `LinearLayout`.

-`Grid View`: parecido a `TableLayout`. Los elementos se visualizan en una cuadrícula bidimensional, que puede tener cualquier tamaño posible.

PREGUNTA 24: ¿QUÉ ES LA SUPPORT LIBRARY Y POR QUÉ SE INTRODUJO?

Se incorporó por primera vez en 2011, para hacer frente a la fragmentación entre las distintas versiones de Android. El paquete *Support Library* contiene un conjunto de librerías que proporcionan compatibilidad con versiones anteriores de Android (por ejemplo, para poder usar Fragments en versiones de Android anteriores a la 3.x).

PREGUNTA 25: ¿QUÉ ES LA FRAGMENTACIÓN EN ANDROID? ¿CONOCES ALGUNA TÉCNICA PARA EVITARLA?

La fragmentación en Android ocurre debido a la gran cantidad de versiones del sistema operativo y a la diversidad de dispositivos Android que existen. Este problema no surge en otras plataformas móviles, donde el fabricante del hardware es único, como iOS. La fragmentación es un reto a la hora de ejecutar una sola APK Android, creada con el SDK Android estándar, en todo el ecosistema Android, ya que existirán muchas versiones que no soporten la funcionalidad completa.

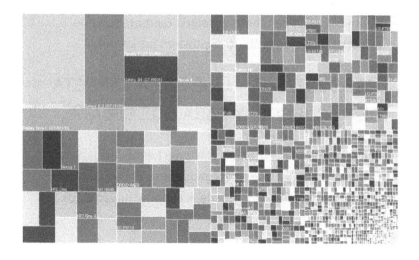

Imagen procedente de http://www.macerkopf.de

Cada uno de estos cuadros representa un dispositivo diferente, y su tamaño es proporcional a la cantidad de dispositivos.

No existe ninguna fórmula milagrosa que solucione el problema de la fragmentación, pero sí algunas medidas básicas que favorecerán el que nuestra aplicación funcione en la mayoría de los dispositivos:

-Utiliza recursos para cada resolución. No crees sólo recursos predeterminados; crea uno para cada tipo de resolución.

-Utiliza en lo posible elementos de la *Android Compatibility Library*, ya que funcionan en todas las versiones de Android.

-Evita el posicionamiento absoluto. Siempre se debe tender al posicionamiento relativo en los Layout.

PREGUNTA 26: ¿QUÉ ES LA CARPETA DE RECURSOS, Y PARA QUÉ SIRVE?

Los recursos son contenido adicional (como imágenes o cadenas de texto) que se empaquetan y entregan con la aplicación. La aplicación puede acceder y utilizar estos archivos en su propio contexto.

Existen varios tipos de carpetas, y cada una incluye distintos tipos de recursos. Los recursos normalmente tienen formato XML, formatos de imagen, etc.

-**animator**: archivos que definen animaciones.

-**color**: carpeta donde se define una lista de colores.

-**drawable**: Archivos de mapa de bits o XML, que definen imágenes para los distintos estados.

-**layout**: carpeta con los archivos de los Layout.

-**raw**: esta carpeta se utiliza para guardar archivos que no pertenecen a ninguna de las otras categorías.

-**values**: en esta carpeta se almacenan distintos tipos de valores (strings, enteros, arrays, etc.).

PREGUNTA 27: ¿PUEDES INDICAR ALGUNAS DE LAS CARACTERÍSTICAS DE LOS LENGUAJES DE PROGRAMACIÓN OO?

La programación orientada a objetos (POO) es un paradigma que permite construir software más modular, más fácil de mantener y más flexible. Sus características principales son:

-**Encapsulación**: La POO proporciona a los objetos la capacidad de encapsular su comportamiento interno y atributos mediante clases. Los atributos están ocultos, y su estado sólo puede ser modificado mediante el uso de funciones de acceso. Esto aumenta la modularidad y la mantenibilidad del código, puesto que los objetos no pueden interactuar entre sí de forma no deseada.

-**Polimorfismo**: es la capacidad que tiene la POO de exponer una misma interfaz, adaptable a diferentes tipos de datos. Una función polimórfica se adaptará, según el tipo de datos que la invoque.

-**Herencia**: es la base de la reutilización del código. Mediante la herencia se pueden crear relaciones entre objetos, que extienden objetos padre, heredando su comportamiento y estructura interna.

-**Abstracción**: abstraer un objeto significa separar el

concepto de un objeto de los detalles de su implementación.

PREGUNTA 28: ¿CUÁL ES LA DIFERENCIA ENTRE SOBREESCRIBIR Y SOBRECARGAR UN MÉTODO EN JAVA?

Al sobreescribir un método se elimina su comportamiento original, que es sustituido por un nuevo comportamiento (sin embargo, se sigue pudiendo invocar el comportamiento del método padre con `super.methodName()` cuando sea necesario).

La sobrecarga de un método ocurre cuando dos métodos tienen el mismo nombre, pero distintos parámetros.

PREGUNTA 29: ¿CUÁL ES LA DIFERENCIA ENTRE UNA INTERFACE Y UNA CLASE ABSTRACTA?

Una interface es totalmente abstracta y no incluye implementación. Define el comportamiento que un objeto debe implementar, pero sin ofrecer ningún detalle sobre cómo lo debe hacer.

Una clase abstracta no puede ser instanciada, pero puede definir parcial o totalmente el comportamiento y estructura interna de un objeto.

Las interfaces siempre son implementadas, y las clases abstractas extendidas.

PREGUNTA 30: ¿QUÉ SIGNIFICA LA PALABRA STATIC EN JAVA?

En términos generales, la palabra *static* significa que un miembro de una clase puede ser accedido sin tener que instanciar un objeto de esa clase.

¿Es posible sobreescribir los métodos estáticos en Java? La respuesta es no, porque la sobreescritura se basa en un vínculo dinámico, en tiempo de ejecución, y los miembros estáticos se vinculan en tiempo de compilación.

PREGUNTA 31: ¿QUÉ SIGNIFICA QUE UN OBJETO SE PASE POR REFERENCIA O POR VALOR?

Cuando un objeto se pasa a una función por valor, lo que se pasa es una copia del objeto, y el objeto original no es modificado. Al pasar un objeto por referencia ocurre lo contrario: el propio objeto se envía a la función, por lo que puede ser modificado directamente.

En Java, los objetos se pasan siempre por valor.

PREGUNTA 32: ¿POR QUÉ ES IMPORTANTE EN JAVA EL USO DE HASHCODE() Y EQUALS()?

El uso de `hashCode()` y `equals()` es crucial cuando utilizamos HashMaps. Un `HashMap` utiliza ambas funciones para determinar el índice de las claves y para detectar duplicados. Al implementar estos métodos en las clases correspondientes, aumenta la eficiencia y la precisión del `HashMap`.

PREGUNTA 33: ¿QUÉ HACE LA INTERFACE SERIALIZABLE EN JAVA?

La serialización es el proceso de convertir un objeto en datos binarios, para que pueda ser almacenado en una base de datos o enviado a través de una red, sin perder información. En Java, para que un objeto sea `Serializable`, ha de implementar la interface **java.io.Serializable**.

Capítulo 2. Para quien haya estado trabajando con Android durante algún tiempo.

El siguiente capítulo incluye preguntas destinadas a los desarrolladores experimentados, normalmente con 1, 2 o 3 años de experiencia. Se sienten cómodos y están familiarizados con el SDK y la mayor parte de las librerías utilizadas en el desarrollo en Android. Probablemente hayan estado trabajando en su propio *framework* o arquitectura para el desarrollo en Android y pueden identificar problemas complejos, aportando soluciones.

Pregunta 34: ¿Qué es la inyección de dependencias? ¿Utilizas alguna librería DI en tus proyectos? ¿Puedes nombrar alguna y decir por qué es mejor que otras?

La inyección de dependencias es un patrón de diseño para implementar la inversión de control y para resolver las dependencias. La inyección de dependencias (DI) elimina código repetitivo (eliminando *listeners*, por ejemplo) y proporciona un código mucho más limpio y eficiente.

En Android se utilizan varias librerías DI:

-Dagger[5]

-ButterKnife[6]

-RoboGuice[7]

ButterKnife y Dagger no hacen uso de la reflexión, sino de anotaciones en tiempo de compilación. Por lo tanto, el desarrollo resulta más rápido.

PREGUNTA 35: ¿QUE CLASES SE PUEDEN UTILIZAR EN ANDROID PARA MANEJAR HILOS?

Android proporciona varias clases para el manejo de hilos:

–AsyncTask: Una de las primeras clases introducidas en Android, presente desde la versión 1.6. Encapsula un proceso en segundo plano, que se sincroniza con el hilo principal.

---

[5] http://square.github.io/dagger/
[6] http://jakewharton.github.io/butterknife/
[7] https://github.com/roboguice/roboguice

-`Handler`: un objeto `Handler` envía mensajes a los objetos Runnable. Cada Handler está asociado con un `Thread`.

-`Threads`: es la clase de Java por defecto para crear hilos. Extiende de **java.util.concurrent**. Está un poco anticuada y carece de parte de la funcionalidad requerida en los entornos software modernos (es decir, por defecto, no permite el *pooling* ni la gestión de cambios en la configuración).

PREGUNTA 36: ¿QUÉ ES UN ORM? ¿CONOCES Y USAS ALGUNA LIBRERÍA ORM EN ANDROID? ¿CUÁLES SON SUS VENTAJAS Y DESVENTAJAS?

ORM son las siglas de mapeo objeto-relacional. Es una técnica que permite asociar definiciones de objetos con un sistema de almacenamiento, normalmente una base de datos.

Android no proporciona ninguno de forma nativa, pero existen varios *frameworks* disponibles:

-SugarORM[8]

-GreenDAO[9]

---

[8] http://satyan.github.IO/Sugar/

-ORMLite[10]

-ActiveAndroid[11]

-Realm[12]

Cada librería tiene sus propias características, y la decisión de usar una u otra dependerá de nuestras necesidades. GreenDao es una librería ligera (>100kb) y rápida, diseñada específicamente para Android. Casi todas las librerías existentes utilizan la reflexión, que es normalmente una alternativa peor que el procesamiento mediante anotaciones. SugarORM simplifica las operaciones CRUD, utilizando sólo tres métodos. ORMLite es una librería Java, por lo tanto es menos ligera que las otras, pero proporciona mayor funcionalidad.

PREGUNTA 37: ¿QUÉ ES UN LOADER?

Las clases Loader y LoaderManager fueron introducidas en Android 3.0, en un intento de restar carga de trabajo al hilo principal. Un Loader realiza la carga asíncrona de datos en una Activity o un Fragment. Monitoriza de forma continua la fuente de datos y, cuando detecta un cambio, envía los nuevos

---

[9] http://greendao-ORM.com/
[10] http://ormlite.com/
[11] http://www.activeandroid.com/
[12] https://Realm.IO/

datos.

PREGUNTA 38: ¿QUÉ SON LAS REFERENCIAS BLANDAS Y DÉBILES EN JAVA?

Una referencia fuerte no es candidata para el recolector de basura. Es el tipo de referencia habitual para los objetos.

```
MyObject object = new MyObject();
```

Si un objeto es accesible en cualquier momento a través de referencias fuertes, no será recolectado. Es lo que normalmente queremos, pero puede ocurrir que deseemos forzar la recolección.

Una referencia débil no vincula al objeto con la memoria. Un objeto con referencia débil será recopilado en la siguiente ejecución del recolector de basura. Java incluye por defecto varias colecciones que utilizan referencias débiles, como `WeakHashMap`.

> Existen también las referencias fantasma y las referencias blandas. Son menos conocidas, pero resultan útiles en muchos contextos.

Un programador capaz de
reconocerlas y explicar para qué
se usan, demuestra un
conocimiento mayor que la media
sobre el manejo de la memoria en
Java.

PREGUNTA 39: ¿QUÉ ES AIDL EN ANDROID?

Android implementa varios mecanismos de
comunicación entre procesos (IPC) para la comunicación
entre distintas aplicaciones. Algunos IPC básicos son
`Intent` y `ContentProvider`.

AIDL son las siglas de **Android Interface Definition
Language**, y permite a los desarrolladores crear una
interfaz para que un servidor y una aplicación cliente se
comuniquen. Ésta es una solución más compleja que, por
ejemplo, los Intents y aumenta las opciones de
comunicación entre procesos.

PREGUNTA 40: ¿CÓMO SE PUEDE GARANTIZAR LA CONFIDENCIALIDAD DEL CÓDIGO EN ANDROID?

Existen varias medidas de seguridad que podemos tomar para evitar que un atacante aplique ingeniería inversa sobre nuestro código, pero la respuesta general es utilizar ProGuard[13]. ProGuard es un ofuscador de código Java incluido en la mayoría de los entornos Android, que aumenta la seguridad del código utilizando varias técnicas de ofuscación.

Respecto a los problemas o limitaciones de ProGuard:

-Las cadenas de texto no son ofuscadas

-ProGuard necesita excluir muchas librerías de nuestro código, para asegurar que éste se ejecute de forma fluida y sin problemas

-Para aumentar el nivel de protección del código, ProGuard puede utilizarse en combinación con el NDK

---

[13] http://proguard.sourceforge.net/

PREGUNTA 41: ¿QUÉ ES EL NDK, Y POR QUÉ ES ÚTIL?

El NDK (*Native Development Kit*) permite al desarrollador reutilizar código C/C++ en nuestra aplicación nativa. Mejora el rendimiento y posibilita utilizar muchas de las librerías disponibles, como OpenCV[14].

PREGUNTA 42: ¿QUÉ ES UN ANR? ¿QUÉ ESTRATEGIAS SE PUEDEN UTILIZAR PARA EVITARLO?

ANR son las siglas de *Application Not Responding* y es un cuadro de diálogo que aparece en tiempo de ejecución, cuando la aplicación no puede responder a la entrada del usuario.

---

[14] http://OpenCV.org/Platforms/Android.html

Esto generalmente ocurre porque alguna tarea ejecutada por el hilo UI está bloqueada, en espera de una respuesta o realizando un cómputo intensivo.

Hay una serie de estrategias que se pueden utilizar para evitar la pantalla ANR:

-Ejecutar los métodos que podrían bloquear la pantalla en una `AsyncTask`, dentro del método `doInBackground()`. La interfaz de usuario seguirá en ejecución, al margen de lo que ocurra con el método.

-Reforzar la respuesta: Google señala que entre 100 ms y 200 ms es el umbral máximo más allá del cual el usuario percibirá que la aplicación se está ralentizando. Si se espera superar dicho umbral, se debe proporcionar información visual al usuario (por ejemplo, con un `ProgressDialog`) que le indique que hay una operación en segundo plano ejecutándose.

-Uso del `StrictMode`, para identificar cuellos de botella en el rendimiento y el acceso al hilo principal.

PREGUNTA 43: ¿QUÉ ES EL STRICTMODE?

El `StrictMode` es una herramienta que el desarrollador puede activar para identificar cualquier acceso al hilo principal, por parte de algún proceso que no debería hacerlo (como los accesos a la red o la base de datos). El `StrictMode` por lo general sólo se activa durante el desarrollo, y no en una aplicación en producción.

PREGUNTA 44: ¿PUEDES MENCIONAR ALGUNOS TIPOS DE PRUEBAS QUE CONOZCAS?

Una aplicación Android puede ejecutar diferentes tipos de prueba:

- Pruebas de IU: implican la interacción con el usuario, y verifican que la aplicación se comporta correctamente en distintos escenarios, con diferentes datos.

-Pruebas unitarias: Las pruebas unitarias se basan en el *framework* JUnit, y pueden comprobar la salida de cualquier clase, que un gestor esté manejando correctamente cierto conjunto de datos simulados y que se esté produciendo la salida correcta.

-Pruebas de integración: verifican que la integración y colaboración entre los distintos módulos funciona y es eficiente.

PREGUNTA 45: ¿CONOCES LA DIFERENCIA ENTRE LOS FLAVORS Y LOS PROYECTOS DE LIBRERÍA? ¿CÓMO SE APLICAN A DIFERENTES SITUACIONES?

Los *flavors* de producto se utilizan cuando un único proyecto debe generar distintas versiones de una misma aplicación. Piensa, por ejemplo, en una aplicación que necesite utilizar GoogleMaps, frente a otra que necesite usar Blackberry o Bing Maps. O en una gratuita frente a otra de pago.

Una librería es un conjunto de funcionalidad común, que se reutilizará en distintas aplicaciones y, tal vez, por terceras partes que hagan uso de ella.

Tal y como indica el manual de usuario del plugin Gradle, "si la respuesta a '¿es la misma aplicación?' es afirmativa, entonces este [*flavor* del producto] es probablemente la opción, frente a los proyectos de librería".

PREGUNTA 46: ¿QUÉ ES EL BUILDTYPE DE GRADLE? ¿PARA QUÉ SE UTILIZA?

Gradle define un tipo llamado `BuildType`. Permite que la aplicación sea compilada con distintas configuraciones. Por defecto, se crean las configuraciones *debug* y *release*, pero se pueden añadir muchas más de forma manual.

Un BuildType se añade de la siguiente manera:

```
buildTypes {
    newBuildType {
    }
}
```

En el BuildType pueden definirse variables a las que se podrá acceder más tarde, desde los archivos Java. Esto es muy útil si, por ejemplo, se tienen varios servidores que ofrecen información distinta según la versión. En ese caso, se podría consultar el valor de BuildType.SERVER_NAME. También se puede utilizar para definir diferentes tipos de tokens (un buen ejemplo es Google Analytics, ya que no querrás que una versión de depuración interfiera con los datos de la versión de producción).

PREGUNTA 47: ¿CUÁL ES LA DIFERENCIA ENTRE SERIALIZABLE Y PARCELABLE, Y QUÉ ALTERNATIVA ES MEJOR EN ANDROID?

`Parcelable` es una clase específicamente diseñada para Android y, por lo tanto, más eficiente que `Serializable`.

`Serializable` sólo requiere implementar una interfaz, y por eso es más cómoda para el desarrollador. Sin embargo, utiliza la reflexión, que es un proceso lento. Además, crea varios objetos temporales y existe cierta preocupación relacionada con el recolector de basura.

`Parcelable` genera, sin embargo, código *boilerplate*. La mayor parte de las veces es preferible frente a `Serializable`, pero el rendimiento tiene su coste.

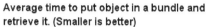

Average time to put object in a bundle and retrieve it. (Smaller is better)

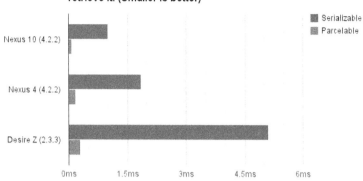

PREGUNTA 48: ¿QUÉ ES LA REFLEXIÓN?

La reflexión se refiere a código que es capaz de inspeccionarse a sí mismo, o a otro código del sistema.

En un lenguaje con tipado estático, como Java, no podemos invocar un método cuyo nombre conozcamos, a menos que también sepamos cual es la interfaz que implementa.

```
Method method =
foo.getClass().getMethod("doSomething",
null); method.invoke(foo, null);
```

El abuso de la reflexión puede tener un impacto en términos de rendimiento y estabilidad, ya que las clases necesitan ser analizadas semánticamente, y un objeto podría esperar un componente de una clase que tal vez no exista.

PREGUNTA 49: ¿TIENES EXPERIENCIA CON LINT? ¿PARA QUÉ SE UTILIZA?

Lint es una herramienta que escanea el código estáticamente y proporciona informes de posibles bugs, problemas de estilo en el código y consejos sobre rendimiento y optimización.

Lint está integrado en IDEs como Android Studio, pero también se puede ejecutar en línea de comandos o integrado en un servidor de integración continua.

PREGUNTA 50: ¿QUÉ ES UN SURFACEVIEW?

Un `SurfaceView` es una vista personalizada de Android, que puede usarse para dibujar en su interior.

La principal diferencia entre una View y una `SurfaceView` es que una View la crea el hilo UI, que es el encargado de la interacción con el usuario.

Una `SurfaceView` es mejor opción cuando se quiere

actualizar la interfaz de usuario rápidamente, y presentar bastante información en ella.

> Un desarrollador experimentado debería mencionar varios detalles técnicos acerca de las `SurfaceView`:
>
> -No se aceleran por hardware.
>
> - Las vistas normales se procesan al llamar a los métodos invalidate() o `postInvalidate()`, pero esto no significa que la vista se actualice inmediatamente (se enviará un VSYNC, y el sistema operativo decidirá cuándo se actualiza). Las `SurfaceView` pueden actualizarse de inmediato.
>
> -Las `SurfaceView` tienen asignado un búfer de renderizado, por lo que son más costosas.

PREGUNTA 51: ¿CÓMO IMPLEMENTARÍAS UNA LISTA EN ANDROID: CON UNA LISTVIEW O UNA RECYCLERVIEW?

Google creó `RecyclerView` como una mejora frente a `ListView`. Se pueden seguir utilizando las `ListView`, pero las `RecyclerView` aportan varias ventajas:

-Se pueden reutilizar las celdas al desplazarse.

-La lista puede disociarse del contenedor.

-`RecyclerView` acepta fácilmente en sus celdas cualquier tipo de contenido.

PREGUNTA 52: ¿EXISTE ALGUNA FORMA DE IMPLEMENTAR NOTIFICACIONES PUSH EN ANDROID?

Android soporta de forma nativa las notificaciones push, mediante *Cloud Messaging*[15] (*framework* antes llamado *Android Cloud to Device*).

---

[15]https://developers.Google.com/Cloud-Messaging/

PREGUNTA 53: ¿SE TE OCURRE CÓMO PUEDEN COMUNICARSE DOS FRAGMENTS?

Hay varias formas en que dos fragments pueden comunicarse en Android, pero una muy útil es la siguiente.

Supongamos que tenemos una `Activity` con dos Fragments, y el `Fragment` A quiere enviar información al `Fragment` B.

La `Activity` implementará una interface definida en el Fragment A, que incluirá un método "`sendInformation()`". La interface podrá invocarse en el `Fragment` A, y la `Activity` recibirá el evento. La Activity deberá implementar en un método "`sendInformation()`" la forma como el segundo `Fragment` gestionará esta información.

> A esta pregunta existen varias posibles respuestas, y está abierta al debate. Un desarrollador con más experiencia podría hablar sobre la programación dirigida por eventos o la programación reactiva.

PREGUNTA 54: EN UN INSTRUMENTATION TESTCASE, ¿CUÁLES SON LOS DOS MÉTODOS MÁS IMPORTANTES?

Un *Instrumentation TestCase* de Android implementa dos métodos muy importantes:

```
protected void setUp()
protected void tearDown()
```

`setUp()`se ejecuta cuando el entorno de pruebas es inicializado.

`tearDown()` se ejecuta inmediatamente después de la prueba, para cerrar las conexiones o para restaurar el estado del entorno de pruebas.

EXTRA:

Los métodos `setUp()` siempre se invocan antes de pasar cada prueba individual. Un desarrollador con confianza sabrá que al realizar dos pruebas diferentes, el flujo de ejecución será:

```
constructor()
setUp();
testXXX();
tearDown();

setUp();
```

```
testXXX2();
tearDown();
```

PREGUNTA 55: ¿CÓMO SABE ANDROID QUE UNA FUNCIÓN DENTRO DE UN ARCHIVO ES UNA PRUEBA QUE DEBE SER EJECUTADA?

Utilizando la reflexión. Android busca dentro de los archivos de pruebas aquellas funciones que comiencen con el prefijo "test", y las ejecuta. Si se intenta hacer con una función llamada pleaseRunThisFunction(), ésta no se ejecutará.

PREGUNTA 56: POR DEFECTO, ¿EN QUÉ HILO SE EJECUTARÁ UN SERVICE DECLARADO EN EL ANDROIDMANIFEST?

Un Service siempre se ejecutará en el Thread del proceso de acogida. Por lo tanto, si un usuario está realizando operaciones costosas en un Service inicializado desde cierta Activity, es probable que la bloquee y se muestre un ANR.

Existen alternativas a esta situación, como el uso de una AsyncTask.

Pregunta 57: ¿Un Context, siempre se refiere a una Activity o a una Application?

No. Un `Context` puede proporcionar acceso a diferentes tipos (`Application`, `Activity`, `Service`, `BroadcastReceiver` o `ContentProvider`). Según qué elemento esté siendo enviado como `Context`, podremos realizar distintas acciones (por ejemplo, iniciar una `Activity` o mostrar un `Dialog`).

Pregunta 58: ¿Qué es un PendingIntent?

Un `PendingIntent` es parecido a un `Intent`. Se ofrece a una aplicación externa o de terceros, para proporcionarle permiso para ejecutar determinado fragmento del código de una aplicación. Se utiliza a menudo con clases como `NotificationManager`, `AlarmManager` o `AppWidgetManager`.

PREGUNTA 59: ¿PUEDES INDICAR ALGUNA FORMA DE EVITAR FUGAS DE MEMORIA EN UNA APLICACIÓN?

Existen muchas estrategias posibles. Éstas son algunas ideas:

-Es mejor utilizar un `Application Context`, en lugar de un `Activity Context`, ya que las `Activity` son más propensas a las fugas.

-Normalmente, es conveniente evitar las referencias de larga duración a las Activity.

-Es mejor evitar las clases internas no estáticas en las Activity, salvo que controlemos su ciclo de vida. Es mejor utilizar las clases internas estáticas con referencias débiles, que puedan ser recolectadas cuando dejen de estar en uso.

> Existe una librería publicada por Square, llamada Leak Canary[16]. Un candidato que conozca esta librería, probablemente tenga experiencia solucionando fugas de memoria.

---

[16] https://github.com/Square/leakcanary

PREGUNTA 60: ¿PUEDE UNA APLICACIÓN ARRANCAR TRAS UN REINICIO O CUANDO EL DISPOSITIVO SE ESTÁ INICIALIZANDO?

Esta pregunta es importante, ya que para muchas aplicaciones internas el propósito será bloquear el dispositivo y permitir que opere una única aplicación.

Se puede conseguir haciendo uso de un `BroadcastReceiver` junto a un `Intent`, del siguiente modo.

```
<receiver android-
permission="android.permission.RECEIVE_BOO
T_COMPLETED" android:name="YourReceiver" >
    <intent-filter >
    <action

android:name="android.intent.action.SCREEN
_ON" />
<action
android:name="android.intent.action.BOOT_C
OMPLETED" />
</intent-filter>
</receiver>
```

PREGUNTA 61: ¿CÓMO ACTUALIZARÍAS PERIÓDICAMENTE UN ELEMENTO DE LA PANTALLA, CON UN TIMERTASK O CON UN HANDLER? ¿POR QUÉ?

En Android se utiliza un `Handler`. Usar un `TimerTask` crea un nuevo `Thread` por una razón de relativa poca importancia.

PREGUNTA 62: ¿QUÉ SIGNIFICA LA PALABRA CLAVE SYNCHRONIZED EN JAVA?

Tal y como dice Sun: Usar un método sincronizado es una estrategia sencilla para la prevención de la interferencia entre hilos, y los errores de consistencia en la memoria; si un objeto es visible para más de un hilo, todas las operaciones de lectura o escritura en las variables de dicho objeto deben realizarse mediante métodos sincronizados.

En Java, éste no es un tema trivial pero, en general, es conveniente que los accesos a unos mismos recursos por parte de dos hilos sean atómicos, para evitar accesos incorrectos e interbloqueos.

PREGUNTA 63: ¿CÓMO SE PUEDE ARRANCAR DE FORMA MANUAL EL RECOLECTOR DE BASURA?

Una llamada a `System.gc()` le indica al sistema que es necesario recolectar la basura, y que el recolector debe ser ejecutado. No existe garantía, sin embargo, de que el recolector de basura se ponga en marcha de inmediato. El que se ejecute antes o después depende de la JVM, en base a las prioridades del sistema, la memoria y el estado del procesador.

PREGUNTA 64: ¿CUÁL ES LA DIFERENCIA ENTRE UN INTEGER Y UN INT?

Integer es una clase definida en **java.lang**, mientras que int es un tipo primitivo y una palabra reservada de Java. Cuando se necesite ejecutar una función que requiera un objeto como parámetro, es posible utilizar un objeto de tipo Integer, envolviendo a un valor de tipo int. Lo mismo ocurre con el resto de los tipos envoltorio (Float, etc.).

PREGUNTA 65: ¿CÓMO FUNCIONA INTEGER.PARSEINT(STRING)?

El propósito de este tipo de preguntas no es comprobar

si un ingeniero recuerda paso a paso el código de `parseInt()`—¿quién podría hacerlo?, ¡yo ni siquiera he visto nunca ese código!— pero sí hacerle pensar.

Integer es la clase envoltorio de int. Una cadena no puede traducirse directamente en un entero, pero podemos (carácter por carácter) acceder a él y hacer la conversión.

Esta es una versión aproximada de lo que debe responder un candidato.

> - *inicializar algún resultado con valor 0*
> - for each *carácter en el parámetro string*
>   do
>   - resultado = resultado * 10
>   - *obtener la cifra del carácter*
>   - *añadir el dígito al resultado*
> - return *resultado*

PREGUNTA 66: ¿PUEDES MENCIONAR UN PATRÓN QUE UTILICES HABITUALMENTE AL PROGRAMAR Y EXPLICAR CÓMO FUNCIONA?

Hay cientos de patrones disponibles y libros enteros dedicados a ellos, así que sería muy presuntuoso pensar que podríamos explicarlos mejor en este libro. Sin embargo, el candidato adecuado debería sentirse cómodo eligiendo dos o tres patrones que utilice con frecuencia y explicándolos. A modo de sugerencia, en mi código utilizo casi a diario los siguientes patrones:

-MVC

-Observer

-Iterator

-Singleton

-Builder

Capítulo 3. Necesitamos a este tipo con nosotros, ¡haremos grandes cosas!

Este capítulo está destinado a los ingenieros de Android de mayor nivel, con varios años de experiencia y que, generalmente, hayan trabajado en una amplia variedad de proyectos, con una variedad de requisitos aún mayor.

Recuerda que la experiencia debe estar unida a ciertas habilidades analíticas y de resolución de problemas; no querrás contratar en tu organización a alguien que tan sólo lea este libro y lo aprenda de memoria.
Especialmente en este capítulo, desearás involucrarte en un debate con intercambio de opiniones. Algunas veces, existe una única solución a los problemas en tiempo real, y en la mayoría de los casos la solución conlleva alguna contraprestación: rendimiento para aumentar la usabilidad del código, etc.

Los desarrolladores senior deben también tener habilidades de liderazgo y motivación para dirigir un equipo. Este libro no incluye preguntas y trucos destinados a identificar estas habilidades, pero estoy seguro de que el hipotético lector tiene ya algunas pistas sobre cómo hacerlo. Los desarrolladores senior deben sentirse cómodos y seguros de sí mismos al discutir sobre cualquier tema y aceptar los cambios y los desacuerdos. Ellos son los que crean la atmósfera emprendedora; son líderes serviciales en lugar de jefes, y fomentan la independencia y el libre pensamiento.

PREGUNTA 67: ¿QUÉ SON LOS MODIFICADORES TRANSIENT Y VOLATILE?

Los modificadores `volatile` y `transient` pueden aplicarse a los campos de las clases.

Un modificador `transient` evita que una variable sea serializada. Cuando se deserializa el objeto, se inicializa con su valor predeterminado (*null* para los tipos de referencia, *0 ó false* para los tipos primitivos).

Un campo `volatile` puede ser accedido por otros hilos, por lo que el compilador permite este acceso.

PREGUNTA 68: ¿POR QUÉ SON ÚTILES TRANSIENT Y VOLATILE EN EL CONTEXTO DE UN PROGRAMA? ¿PUEDES PONER UN EJEMPLO?

Cuando los campos de una clase derivan de otros

campos, es muy probable que queramos impedir que se serialicen, y así sean recreados de nuevo a partir del campo original.

```
class GalleryImage implements Serializable {

    private Image image;
    private transient Image thumbnailImage;

    private void generateThumbnail()       {}

    private void readObject(ObjectInputStream
        inputStream) throws IOException,
    ClassNotFoundException       {
        inputStream.defaultReadObject();
        generateThumbnail();
    }
}
```

En este ejemplo, el `thumbnailImage` se genera a partir del campo `originalImage`. Cuando un objeto del tipo `galleryimage` se deserializa, nos gustaría recrear `thumbnailImage`, en lugar de deserializarlo.

`Volatile` resulta útil para, por ejemplo, detener un hilo. Un ejemplo común es declarar un *flag* booleano en un hilo. Si se puede acceder y parar este hilo desde el otro, el hilo puede poner el *flag* a true y detener el hilo si es necesario.

```
public class Foo extends Thread {

    private volatile boolean close = false;
```

```java
    public void run() {
        while(!close) {
            // do work
        }
    }

    public void close() {
        close = true;
        // interrupt here if needed
    }
}
```

Ten en cuenta que aquí no es necesario usar
synchronized.

PREGUNTA 69: ¿PUEDES ESCRIBIR UNAS LÍNEAS DE CÓDIGO QUE PROVOQUEN UNA FUGA DE MEMORIA EN JAVA?

Por ejemplo, una conexión que no esté cerrada

```java
try {
    Connection conn =
ConnectionFactory.getConnection();
    ...
    ... } catch (Exception e) {
        e.printStacktrace();
        }
```

Un flujo abierto

```
try {
    BufferedReader br = new
BufferedReader(new FileReader(inputFile));
    ...
    ...
} catch (Exception e) {
    e.printStacktrace();
}
```

O un campo static final, que contenga una referencia a un objeto

```
class MemorableClass {
    static final ArrayList list = new
ArrayList(100);
 }
```

PREGUNTA 70: ¿PODRÍAS DESCRIBIR QUÉ HACE CADA TIPO DE CONTEXT? POR EJEMPLO, ¿SE PUEDE INICIAR UNA ACTIVITY CON UN APPLICATION CONTEXT?

Dave Smith, de Double Encore, escribió la siguiente tabla en uno de las entradas de su blog. Un candidato senior debería sentirse cómodo explicándola. Ten en cuenta que no es necesario conocer esta tabla de memoria, pero sí ser capaz de deducirla.

	Application	Activity	Service	ContentProvider	BroadcastReceiver
Mostrar un cuadro de diálogo	NO	SÍ	NO	NO	NO
Iniciar una Activity	NO[1]	SÍ	NO[1]	NO[1]	NO[1]
Renderizado del Layout	NO[2]	SÍ	NO[2]	NO[2]	NO[2]
Iniciar un Service	SÍ	SÍ	SÍ	SÍ	SÍ
Enlazar con un Service	SÍ	SÍ	SÍ	SÍ	NO
Enviar un Broadcast	SÍ	SÍ	SÍ	SÍ	SÍ
Registrar un BroadcastR	SÍ	SÍ	SÍ	SÍ	NO[3]

	Applicatio n	Activit y	Servic e	ContentProvide r	BroadcastReceiv er
eceiver					
Cargar los valores de los recursos	SÍ	SÍ	SÍ	SÍ	SÍ

PREGUNTA 71: ¿CUÁL DE LOS SIGUIENTES MÉTODOS ES MEJOR UTILIZAR EN ANDROID?

```java
public void zero() {
    int sum = 0;
    for (int i = 0; i < mArray.length; ++i) {
        sum += mArray[i].mSplat;
    }
}

public void one() {
    int sum = 0;
    Foo[] localArray = mArray;
    int len = localArray.length;

    for (int i = 0; i < len; ++i) {
```

```
            sum += localArray[i].mSplat;
        }
    }

    public void two() {
        int sum = 0;
        for (Foo a : mArray) {
            sum += a.mSplat;
        }

    }
```

El método two() es el más rápido de todos. En el
método zero(), JIT no puede optimizar el coste que
supone recuperar la longitud del array cada vez. En
one() todo se pasa a variables locales. two() será
más rápido en dispositivos sin JIT, y la velocidad será la
misma que la de one() en dispositivos con JIT.

PREGUNTA 72: ¿SE TE OCURRE ALGUNA LIMITACIÓN DE PROGUARD Y ALGÚN PRODUCTO QUE PERMITA SUPERARLA?

ProGuard no ofusca las cadenas de texto de las
aplicaciones, por lo que seguirán siendo visibles si se
utiliza.

Se me ocurren dos soluciones: almacenar las cadenas de

texto en un archivo compilado de forma nativa mediante NDK, y acceder a él a través de JNI, aunque esto es seguridad por oscuridad y podría ser criticado. El otro método es utilizar un motor como DexGuard[17], que también ofusca las cadenas de texto.

PREGUNTA 73: ¿CUÁLES SON LAS DIFERENCIAS ENTRE DALVIK Y ART?

Dalvik y ART son máquinas diferentes, que funcionan de forma distinta. La diferencia más importante para el desarrollador es que el ART resulta mucho más rápida. El bytecode DEX es traducido a código máquina durante la instalación, así que no se necesita tiempo extra para compilarlo (Dalvik utiliza la compilación Just-In-Time, mientras que ART utiliza la compilación Ahead-Of-Time).

Dalvik necesita memoria extra para la caché de JIT, por lo que también requiere más espacio. Estos factores combinados hacen que ART, en general, mejore la duración de la batería.

17

https://www.guardsquare.com/software/dexguar d-enterprise

PREGUNTA 74: ¿CONOCES ALGUNA HERRAMIENTA QUE SE PUEDA UTILIZAR PARA ACCEDER AL CÓDIGO FUENTE DE UNA APLICACIÓN?

Aunque el código fuente de una aplicación haya sido ofuscado con ProGuard, existen varias herramientas que permiten aplicar ingeniería inversa y acceder a dicho código fuente.

-ApkTool[18] desensambla los archivos hasta casi su forma original.

-Dex2Jar[19] convierte los archivos .dex en archivos .class. Por lo tanto, podrán ser leídos fácilmente con alguna otra aplicación.

-Java Decompiler[20] puede abrir archivos .jar y presentarlos como archivos Java (por lo que puede leer, por ejemplo, los archivos traducidos con Dex2Jar).

---

[18] http://ibotpeaches.github.io/Apktool/
[19] https://github.com/pxb1988/dex2jar
[20] http://jd.benow.ca/

PREGUNTA 75: ¿QUÉ HACE EL MÉTODO CLASS.FORNAME?

Una llamada a `Class.forName("x")` carga la clase X dinámicamente, en tiempo de ejecución. Si no encuentra la clase X, el compilador devolverá una `ClassNotFoundException`.

PREGUNTA 76: ¿CÓMO SE PUEDE OPTIMIZAR EL USO DE LAS VIEW EN UNA APLICACIÓN ANDROID?

Existen diferentes respuestas a esta pregunta:

-Usando la etiqueta <merge>, que reduce el número de niveles del árbol de vistas.

-Usando `ViewStub`: un `ViewStub` es una vista ligera, sin dimensiones, que no dibuja nada y que no participa en ninguna acción del layout. Por lo tanto, son más económicos a la hora de renderizar. Un Layout que haya sido referenciado mediante un `ViewStub` se rederizará sólo cuando se quiera que lo haga.

-Reutilizando layouts con `<include>`

PREGUNTA 77: EXISTEN DOS GRANDES LIBRERÍAS UTILIZADAS PARA LAS PRUEBAS EN ANDROID: ESPRESSO Y ROBOTIUM. ¿PODRÍAS MENCIONAR ALGUNA VENTAJA IMPORTANTE DE ESPRESSO FRENTE A ROBOTIUM?

La principal es que Espresso es sincronizada, mientras que Robotium no. Eso significa que muchas veces una prueba desarrollada con Robotium fallará sólo porque la UI no ha sido actualizada, y la prueba está esperando un clic o interacción con la pantalla del usuario.

Algunas personas podrían pensar que Espresso es superior, debido a su mejor sistema de informes de errores y a una API más clara, pero la sincronización es, objetivamente, una gran ventaja.

PREGUNTA 78: ¿QUÉ ES EL PERMGEN DE JAVA?

El PermGen es el lugar donde la VM de Java almacena los metadatos con información sobre las clases de la aplicación. Generalmente, la JVM gestiona automáticamente el PermGen y no requiere ningún ajuste, pero podrían existir fugas de memoria si hubiese algún problema cargando las clases.

> Desde Java 8, el PerGerm ya no existe, habiendo sido reemplazado por el metaspace. En general, Java 8 no puede utilizarse para el desarrollo de Android. Si un candidato es capaz de señalar esto, estará demostrando una amplia comprensión de la gestión de la memoria en Java.

PREGUNTA 79: ¿CONOCES LA FUNCIÓN ONTRIMMEMORY()?

Se trata de un *callback* invocado cuando el sistema operativo cree que es un buen momento para optimizar la memoria de los procesos en ejecución. Por ejemplo, cuando una Activity pasa a segundo plano y no queda suficiente memoria para mantener todos los procesos activos. Existen diferentes niveles de `onTrimMemory`, que pueden recuperarse con `ActivityManager.getMyMemoryState(RunningAppProcessInfo)`.

PREGUNTA 80: ¿ES POSIBLE EJECUTAR UNA APLICACIÓN ANDROID EN MÚLTIPLES PROCESOS?

Sí. De forma predeterminada, una aplicación se ejecuta en un solo proceso. Los dispositivos Android soportan solamente 24/36/48 MB por proceso (y aún menos en dispositivos más pequeños). Al arrancar una aplicación Android, Zygote lanza un proceso, que crea el hilo principal y la Activity principal se ejecuta. Sin embargo, podemos ejecutar varios procesos haciendo uso de **android:process**. Por ejemplo, las siguientes líneas harán que el servicio RenderVideogame se ejecute en un proceso diferente.

```
<service
     android:name=".RenderVideogame "
android:process=":renderVideogame"
  />
```

PREGUNTA 81: ¿PUEDES DECIR ALGO SOBRE EL RENDIMIENTO AL UTILIZAR INT, FLOAT Y DOUBLE?

Como regla general, una variable float es dos veces más lenta que una int. float y double son iguales en términos de velocidad, pero double requiere el doble de espacio que una variable float.

PREGUNTA 82: ¿CÓMO OPTIMIZARÍAS EL DESPLAZAMIENTO EN UNA LISTVIEW QUE HAYA SIDO CARGADA CON ELEMENTOS PESADOS?

Existen varias opciones que permiten hacer el desplazamiento de una `ListView` más ligero:

-Mediante un patrón `ViewHolder`: el uso de un objeto `ViewHolder` puede evitar que el sistema invoque continuamente a la función `findViewById()`, evitando por tanto que el desplazamiento se ralentice.

-Utilizando un hilo en segundo plano. Cuando se usan componentes pesados (imágenes, por ejemplo) el uso de una `AsyncTask` permite cargarlos dinámicamente en la lista, en lugar de estáticamente.

PREGUNTA 83: ¿QUÉ ES SMP? ¿QUÉ RELACIÓN TIENE CON ANDROID?

SMP son las siglas de *Symmetric Multi-Processor*. Describe una arquitectura en la que múltiples procesadores acceden a la memoria.

Hasta Android 3.0, Android sólo soportaba una

arquitectura de procesador único. La mayoría de los dispositivos Android tienen varios núcleos, así que tiene sentido hacer uso de ellos (aunque de forma nativa esté preparado para ejecutar las aplicaciones en un solo procesador, y utilizar los otros para tareas secundarias). Android proporciona un conjunto de recomendaciones sobre lo que se debe y no se debe hacer, como no abusar de las variables volatile o synchronized.

PREGUNTA 84: ¿FUNCIONAN EN ANDROID LOS ATAQUES SQL INJECTION? ¿CÓMO EVITARLOS?

Siempre que se usen datos obtenidos de otros componentes o componentes de red que, en el otro extremo, realicen una consulta SQL, las SQL injection pueden resultar un problema. Una posible solución para evitar las SQL injections, además de validar los campos de entrada y las librerías, es utilizar consultas parametrizadas con ContentProviders, lo que elimina prácticamente el riesgo de sufrir una SQL injection.

PREGUNTA 85: ¿SE PUEDE CARGAR CÓDIGO DINÁMICAMENTE EN ANDROID? ¿PARA QUÉ PUEDE USARSE?

Aunque no se recomienda, es posible cargar código dinámicamente desde fuera de la APK de la aplicación, mediante la clase DexClassLoader.

Esto tenía sentido cuando existía una limitación en el número de métodos que podía alojar una APK (65k). Ahora que Google ha solucionado esto, algunas aplicaciones podrían necesitar descargar un ejecutable de la red, pero esto expone la seguridad del sistema y lo hace muy vulnerable a manipulaciones o código malicioso.

PREGUNTA 86: ¿QUÉ ES EL *HEAP* DE JAVA?

Cuando se inicia un programa, la JVM reserva la memoria que vaya a necesitar. Parte de esa memoria se llama el *heap* de Java. En Java, el *heap* está generalmente situado en la parte inferior del espacio de direcciones y crece hacia arriba. Cuando se crean objetos usando el operador new, al objeto se le asigna memoria del *heap*, y cuando el objeto muere, se realiza la recolección de basura y la memoria utilizada es devuelta al *heap*.

PREGUNTA 87: DESCRIBE CÓMO TIENE LUGAR UN OUTOFMEMORYERROR EN ANDROID

Conforme la aplicación se ejecuta, se crean más objetos y el espacio del *heap* se amplía para darles cabida. La máquina virtual ejecuta el recolector de basura periódicamente, para recuperar la memoria de los objetos terminados. En Java, la VM expande el *heap* hasta casi su tamaño máximo, y cuando no queda más memoria para crear objetos nuevos, el *heap* lanzará un **java.lang.OutOfMemoryError**, que mata la aplicación. Antes de lanzar el `OutOfMemoryError`, la VM intentará ejecutar el recolector de basura para liberar cualquier espacio disponible, pero si sigue sin haber espacio disponible en el *heap*, tendrá lugar el `OutOfMemoryError`.

PREGUNTA 88: ¿CUÁNDO ES UN OBJETO CANDIDATO PARA LA RECOLECCIÓN DE BASURA?

Cuando no queda ninguna referencia viva a ese objeto, o si ningún hilo puede alcanzarlo. El hilo del recolector de basura es un demonio que se utiliza un complejo algoritmo GC, que cuando se ejecuta recolecta todos los objetos candidatos para el recolector de basura.

> Un buen candidato sabría contestar que una referencia cíclica no cuenta como referencia viva, y que si dos objetos apuntan el uno al otro, y no hay ninguna referencia viva a ninguno de ellos, ambos son elegibles para el recolector de basura.

PREGUNTA 89: ¿QUÉ PUEDE SUCEDER SI UNA VARIABLE ESTÁTICA APUNTA A UN ACTIVITY CONTEXT?

Es probable que tenga lugar una fuga de memoria cuando la `Activity` desaparezca.

PREGUNTA 90: ¿QUÉ ES UNA INTERFAZ SPANNABLE?

Es la interfaz para texto, a la que se pueden acoplar o desacoplar objetos de marcado. Ten en cuenta que no todas las clases `Spannable` tienen texto mutable.

PREGUNTA 91: ¿CÓMO SUBIRÍAS VARIOS ARCHIVOS A UN SERVIDOR HTTP EN UNA SOLA PETICIÓN HTTP?

Usando MIME Multipart. Fue ideado para enviar diferentes fragmentos de información en una sola solicitud y está integrado en la mayoría de los clientes HTTP nativos.

PREGUNTA 92: ¿NECESITAN LOS FRAGMENTS UN CONSTRUCTOR SIN PARÁMETROS? ¿POR QUÉ?

Sí. El método de instanciación de una clase `Fragment` llama al método newInstance. Tras la instanciación, comprueba que el acceso es público y que el cargador de clases permite el acceso. Esto hace que el `FragmentManager` termine y recree Fragments con estados. (El subsistema de Android hace algo similar con las Activity).

PREGUNTA 93: ¿QUÉ ES EL AUTOBOXING Y EL UNBOXING EN JAVA?

El autoboxing es la conversión automática realizada por el compilador de Java entre los tipos primitivos y sus correspondientes clases de envoltorio. Por ejemplo, el compilador puede convertir un int en un Integer, un double en un Double, etcétera. Cuando la conversión va en el otro sentido, la operación se llama unboxing.

PREGUNTA 94: ¿QUÉ ES UN THREAD POOL?

Un Thread Pool es un conjunto de hilos administrados en grupo, y normalmente organizados en una cola, que ejecutan las tareas de la cola de tareas. La creación de un nuevo objeto Thread cada vez que se necesite ejecutar algo de forma asíncrona resulta caro. En un Thread Pool basta con añadir las tareas que se deseen ejecutar de manera asíncrona a la cola de tareas, y el Thread Pool se encarga de asignar un hilo disponible, si lo hay, a la tarea correspondiente. En cuanto termina la tarea, el hilo vuelve a estar disponible y solicita otra tarea (suponiendo que quede alguna). Un Thread Pool evita tener que crear y destruir más hilos que los que realmente son necesarios.

PREGUNTA 95: ¿CUÁL ES LA DIFERENCIA ENTRE FAIL-FAST Y FAIL-SAFE EN JAVA?

La propiedad fail-safe de Iterator actúa sobre un clon de la colección subyacente y, por lo tanto, no se ve afectada por ninguna modificación en la colección. Todas las clases de colección del paquete **java.util** son fail-fast, mientras que las clases de colección de **java.util.concurrent** son fail-safe. Los iteradores fail-fast pueden lanzar ConcurrentModificationException, mientras que los iteradores fail-safe nunca lanzan esa excepción.

PREGUNTA 96: ¿EN QUÉ SE DIFERENCIAN UN ARRAY Y UN ARRAYLIST, Y CUÁNDO USARÍAS CADA UNO DE ELLOS?

Existen diferencias importantes entre ellos.

-Un `Array` es una estructura de datos de longitud fija, mientras que un `ArrayList` es una clase de colección de longitud variable. No se puede cambiar la longitud de un `Array`, pero `ArrayList` puede cambiar su propio tamaño. Cualquier operación de cambio de tamaño de un `ArrayList` ralentiza el rendimiento.

-Un `Array` no puede utilizar Generics.

-No se pueden guardar primitivas en un `ArrayList`.

Para mantener listas de datos primitivos, las colecciones usan autoboxing, para reducir el esfuerzo de codificación. Sin embargo, este enfoque los hace más lentos cuando se trabaja con tipos de datos primitivos de tamaño fijo.

PREGUNTA 97: ¿QUÉ ES UNA COLA DE PRIORIDAD EN JAVA?

Una `PriorityQueue` es una cola ilimitada, basada en un montículo de prioridad, cuyos elementos están ordenados en su orden natural. En el momento de su creación, podemos proporcionar un `Comparator`, que se encarga de ordenar los elementos de la `PriorityQueue`. Una `PriorityQueue` no permite valores *null*, objetos que no incluyan un orden natural u objetos que no tengan ningún comparador asociado a ellos. Por último, una `PriorityQueue` de Java no es thread-safe y requiere un tiempo O(log(n)) para las operaciones de añadir o eliminar un elemento.

PREGUNTA 98: ¿CUÁL ES LA DIFERENCIA ENTRE ENUMERATION Y UN ITERADOR?

`Enumeration` es el doble de rápido que `Iterator`, y utiliza mucha menos memoria. Sin embargo, `Iterator` es mucho más seguro que `Enumeration`, porque ningún hilo podrá modificar el objeto de colección que esté siendo recorrido por el `iterator` en ese momento. Además, `Iterator` solicita a quien lo invoca que elimine elementos de la colección subyacente, algo que no es posible con `Enumeration`.

PREGUNTA 99: ¿QUÉ ES RENDERSCRIPT? ¿CUÁNDO SE UTILIZA?

`RenderScript` es un lenguaje de script para Android que permite escribir código de alto rendimiento para la renderización de gráficos y código computacional nativo. `RenderScript` proporciona un medio donde escribir código cuyo rendimiento es crítico, y que después el sistema compila a código nativo del procesador en el que se ejecutará. Este procesador podría ser la CPU del dispositivo, una CPU con varios núcleos o incluso la GPU. Dónde acabe ejecutándose dependerá de muchos factores, no accesibles fácilmente al desarrollador, y también de la arquitectura que el compilador interno de la plataforma soporte.

PREGUNTA 100: ¿CÓMO ESCRIBIRÍAS UN MENSAJE EN EL LOGCAT, Y EVITARÍAS QUE LA APLICACIÓN ARRANCASE?

```
static {
    System.out.println("Mensaje");
    System.exit(0);
}
```

Este código se ejecutará antes del inicio de la aplicación,
y después ésta será terminada sin que tenga
oportunidad de arrancar.

¿PUEDO PEDIRTE UN FAVOR?

Si te ha gustado este libro y lo encuentras útil, agradecería que publicases una breve reseña en Amazon. Leo personalmente cada comentario, y eso me permite seguir escribiendo sobre lo que la gente reclama.

¿Comentarios, errores, preguntas, dudas, sugerencias? No dudes en escribirme un correo electrónico a eenriquelopez@gmail.com

¡Muchas gracias por tu apoyo!